MÉMOIRE

SUR LA

CHRONOLOGIE JAPONAISE

PRÉCÉDÉ

D'UN APERÇU DES TEMPS ANTÉ-HISTORIQUES.

Extrait des ANNALES DE PHILOSOPHIE CHRÉTIENNE.
Nos de *juillet et septembre* 1857 (tome XVI, 4º série).

Publications du même Auteur relatives au Japon :

INTRODUCTION A L'ÉTUDE DE LA LANGUE JAPONAISE. *Paris*, Maisonneuve et Cᵉ, éditeurs, 1856. 1 vol. in-4º, avec 7 planches, 20 fr.

DICTIONNAIRE DE LA LANGUE JAPONAISE (japonais-français-anglais). *Paris*, Maisonneuve et Cᵉ éditeurs, 1857. 10 livraisons in-4º, à 6 fr.

CHRESTOMATHIE JAPONAISE, accompagnée de notes et traductions ; 2 vol. in-8º, avec fac-simile, » »

MANUEL DE L'ÉCRITURE JAPONAISE, avec de nombreux exercices de lecture ; 1 vol. in-12 (sous presse), » »

Pour paraître prochainement :

MÉMOIRE SUR LA NATURE ET LES ORIGINES DE LA LANGUE CHINOISE et des idiômes qui s'y rattachent. In-8, » »

Travail auquel l'Institut de France a accordé une des trois mentions honorables décernées au concours de 1857.

Imp. de H. CARION, rue Bonaparte, 64.

MÉMOIRE

SUR LA

CHRONOLOGIE JAPONAISE

PRÉCÉDÉ

D'UN APERÇU DES TEMPS ANTÉ-HISTORIQUES

PAR

LÉON DE ROSNY

PARIS

MAISONNEUVE ET Cⁱᵉ, LIBRAIRES

POUR LES LANGUES ORIENTALES, ÉTRANGÈRES ET COMPARÉES,

15, quai Voltaire, à la tour de Babel.

—

1867

MÉMOIRE

SUR LA

CHRONOLOGIE JAPONAISE

L'histoire japonaise se divise en trois grandes périodes primordiales : la 1re comprend les temps purement mythologiques et commence avant la création du monde, à une époque extrêmement reculée : la 2e sert d'intermédiaire entre les siècles fabuleux et ceux qui rentrent réellement dans le domaine de l'histoire : enfin la 3e et dernière, la seule qui mérite, à proprement parler, la dénomination d'époque historique, commence 660 ans avant notre ère, sous le règne du *Mikado* ou empereur *Sin-mou*, lequel était fils du génie terrestre (ツ チ ノ カ ミ *tsoutsi-no kami*) *Ou-kaya fouki avase-zou-no Mikoto.*

I

PÉRIODE MYTHOLOGIQUE ET ANTÉ-HISTORIQUE.

L'histoire primitive des Japonais est, comme celle de toutes les nations qui remontent assez avant dans l'antiquité, complétement enveloppée de ténèbres. Si l'on en croit les Japonais, ils sont les aborigènes du sol qu'ils habitent aujourd'hui et ils ne doivent leur origine à aucune autre race ou tribu asiatique ni étrangère. A l'instar des Indiens et des Chinois, leurs concurrents dans la marche civilisatrice de l'Asie, ils font remonter le règne de leur premier souverain de race divine, à un nombre d'années tellement éloigné de nous qu'il est presque impossible de l'exprimer. Quelques auteurs, relativement assez modérés, reportent l'existence de la première dynastie divine des empereurs du Japon à plusieurs centaines de mille millions d'années et le commencement de la seconde à 836,702 ans avant notre ère [1].

Voici ce que l'on trouve sur l'origine du Japon, ce qui revient à dire, pour les Japonais, sur l'origine du monde, dans les ouvrages originaux qui sont parvenus jusqu'à nous.

A l'origine, les éléments essentiels de la création n'étaient point encore séparés : le ciel et la terre étaient renfermés dans un même Chaos primordial ; le principe femelle n'avait point encore été extrait du principe mâle [2]. — Tout-à-coup la masse inerte se sentit agitée en deux directions opposées, puis ces deux forces agissant en sens contraire rompirent les liens d'affinité qui en retenaient unis les éléments, et dès lors ils se séparèrent. Aussitôt la matière impure et pesante s'abaissa et donna naissance à la terre, tandis que la matière pure et vaporeuse s'en dégagea et s'éleva pour former le ciel. A partir de ce moment, entre le haut et le bas, il y eut une distinction, et du contact du ciel et de la terre naquit un *grand génie* qui fut le premier être du monde.

Avec cette phase de la création, commence le règne des *sept génies* célestes, que les historiens japonais ont ordinairement l'habitude de placer en tête de la liste des empereurs de leur pays. En voici les noms :

[1] Voy. Klaproth, dans la traduction du *Nippon-wô daï-itsi-ran* de Isaac Titsingh, p. 1.

[2] Les deux principes qui constituent la dualité primordiale de tout ce qui existe sont désignés, dans les anciens livres de la Chine, et notamment dans le *Yih-king*, le plus antique monument de la littérature chinoise parvenu jusqu'à nous, par les noms de *yin*, « principe femelle, » *yang*, « principe mâle; » ils représentent simultanément la terre et le ciel, la lune et le soleil, la femelle et le mâle, etc. *Yin* signifie proprement « obscur, sombre » et désigne d'abord la matière grossière, puis l'essence, la contribution féminine dans l'existence [...] s choses; c'est du *yin* que dérive le 魄 *poh*, ou l'esprit animal, suivant les Chinois. — *Yang*, proprement, « splendide, clair, » par opposition au précédent, désigne le principe supérieur des choses, l'essence subtile dont les génies et les esprits invisibles ont été formés; c'est du *yang* que dérive le 魂 *hoen*, ou âme immatérielle.—Cf. *Y-king, Antiquissimus Sinarum liber, quem ex lat. interpr.* P. Regis, etc., *edid.* Jul. Mohl.; v. II, p. 383 *et pass.*

天 ア 神 カ *Ama-no kami*, GÉNIES CÉLESTES.

I. *Kouni-toko-tatsi-Mikoto*, c'est-à-dire l'Auguste perpétuellement existant (debout) dans l'empire.

II. *Kouni-sa-tsoutsi-Mikoto*. Il régna par la vertu de l'eau (le premier des cinq éléments), pendant 10,010,000 années.

III. *Toyo-koumou-sou-Mikoto*. Il régna par la vertu du feu (le second élément), 10,010,000 années.

IV. *Ou-filsi-ni-Mikoto*, génie mâle. Il régna par la vertu du bois (le troisième élément), 20,020,000 années. Il eut une épouse nommée *Sou-filsi-ni-Mikoto*.

V. *Oho-to-tsi-Mikoto*, génie mâle, régna par la vertu du métal (le quatrième élément), 20,020,000 années. Son épouse se nommait *Oho-to-be-Mikoto*.

VI. *Omo-tarou-Mikoto*, génie mâle, régna par la vertu de la terre (le cinquième élément), 20,020,000 années. Il eut pour épouse *Kasika-ne-Mikoto*.

VII. *I-za-nagi-Mikoto*, génie mâle, et le dernier des Génies du ciel. Son épouse s'appelait *I-za-nami-Mikoto*. Règne de 23,040 années.

Les *trois premiers* génies de la dynastie divine, comme la simple inspection de la liste ci-dessus a pu le faire remarquer, n'eurent point d'épouse : ils s'engendraient par de simples émanations du Chaos primordial.

Leurs successeurs, à partir d'*Ou-filsi-ni-no-Mikoto*, eurent chacun une femme qui leur donna un successeur; mais la conception n'eut lieu que par une sorte de contemplation mutuelle de chaque couple et par des moyens surnaturels que la dégradation des hommes ne leur permet plus de comprendre.

Le septième et dernier des génies célestes, *I-za-nagi-Mikoto*, ayant contemplé d'un regard lascif les formes charmantes d'*I-za-nami-Mikoto* son épouse, suivit l'exemple d'un oiseau qu'il avait vu, un instant auparavant, s'accoupler avec sa femelle. Il connut donc *I-za-nami*, et dès lors elle enfanta et fut soumise à la loi générale de l'humanité. Aussi les successeurs de ces deux génies célestes cessèrent-ils d'appartenir à la race excellente dont ils descendaient, pour donner naissance à la *dynastie des génies terrestres*.

I-za-nagi et *I-za-nami* ont toujours été l'objet d'un culte tout particulier de la part des Japonais qui les considèrent, en quelque sorte, comme leurs premiers ancêtres. Suivant Kæmpfer, les Japonais qui embrassèrent le Christianisme, au 16e et 17e siècle, les appelaient leur *Adam* et leur *Ève*. La tradition rapporte que ces deux génies passèrent leur vie dans la province d'*Ise*, au Sud de l'île Nippon, et qu'ils engendrèrent beaucoup d'enfants de l'un et de l'autre sexe, d'une nature éminemment inférieure à celle des auteurs de leur jour, mais bien supérieure à la condition des Japonais, leurs descendants.

La dynastie des génies terrestres ou demi-dieux issus d'*I-za-nagi* et d'*I-za-nami* comprend cinq générations. En voici l'énumération succinte :

I. *Ama-terasou-oho-Kami*, litt. « le grand génie qui brille au ciel, » également connu sous le nom sinico-japonais de *Ten-syô-dai-sin*, fille aînée d'I-za-nagi-Mikoto, succéda à son père. Son règne dura, suivant les écrivains japonais, 250,000 années consécutives, et fut souvent troublé par des combats terribles entre les génies qui pullulaient à cette époque.

II. *Ama-wosi-wo-mimi Mikoto*, fils d'Ama-terasou-oho Kami. Il eut pour épouse *Tagou-tada-tsi-tsi-fime* qui lui donna un fils.

III. *Ni-ni-gi-no-Mikoto*. La plus grande partie de son règne fut employée à détruire les mauvais génies qui infestaient les îles du Japon.

IV. *Fiko-fobo-de-mi-no-Mikoto*. Durant sa vie, il eut à débattre ses droits à la souveraineté, avec son frère aîné. Une querelle avec ce dernier l'obligea d'aller au fond de la mer, où le dieu qui y régnait le reçut avec de grands honneurs et lui accorda sa fille en mariage. Celle-ci lui donna un fils pour successeur, après quoi elle se changea en dragon et se plongea dans les flots pour ne plus reparaître.

V. *Ou-kaya-fouki-avasesou-no-Mikoto* fut le dernier des génies terrestres ou demi-dieux japonais. Il eut quatre fils parmi lesquels était *Ivare-biko-no-Mikoto* qui, le premier, eut le titre d'*Auguste* des hommes, c'est-à-dire de *Mikado*, ou empereur des Japonais. Il est surtout connu dans l'histoire sous le nom de *Sin-mou*, « le guerrier-génie. » — Voici le tableau du règne des cinq génies terrestres :

地 チ 神 ノ *Tsoutsi-no kami,* GÉNIES TERRESTRES.

I. Ama-térasou-oho-kami *ou* Oho-firou-me-Moutsi. .	250 000
II. Ama-wosi-wo-mimi-Mikoto. :	300 000
III. Ni-ni-gi-Mikoto	310 000
IV. Fiko-fobo-de-mi-Mikoto.	637 892
V. Ou-kaya-fouki-avasesou-no-Mikoto. . . : .	836 042

Total de la durée des règnes des Génies terrestres. 2 333 934

II

PÉRIODE HISTORIQUE.

L'histoire authentique du Japon paraît devoir être reportée au règne de 神 武 *Sin-mou,* que la plupart des auteurs japonais admettent comme le principe certain de leurs annales. Les historiens japonais que nous avons eus à notre disposition sont tous d'accord pour fixer le commencement de ce règne à la 58e année 辛 酉 du XXXIIIe cycle de 60, c'est-à-dire à l'an 660 avant notre ère, au temps où régnait l'empereur *Hoeï-wang* en Chine, *Psammétik* en Égypte, et quelques années après la captivité d'Israël. Il est surtout utile de remarquer ici que le règne de *Sin-mou* est antérieur de plus d'un siècle à la naissance de *Confucius,* le grand et célèbre philosophe de la Chine, l'homme qui, par son caractère éminemment propre au génie chinois, sut doter sa patrie d'une civilisation à laquelle elle n'aurait vraisemblablement point atteint de longtemps sans le concours de son intelligence puissante et civilisatrice.

La première période de la chronologie japonaise proprement dite commence donc à *Sin-mou ;* elle dure 1,846 années consécutives, depuis la fondation de l'empire jusqu'à la 3e année (1186) du règne de *Go-Toba,* 82e dairi, avec laquelle s'établit la puissance dominatrice des *syôgoun,* ou Grands-généraux qui, à l'instar des maires du palais des Mérovingiens, tenaient en réalité les rênes du gouvernement, tout en feignant de reconnaître l'autorité d'un souverain dont la puissance n'a fait que diminuer de jour en jour.

On peut subdiviser cette première période en trois époques principales, dont la première comprend les temps antérieurs à la première guerre de Corée (an 200 après J.-C.); la seconde renferme les 372 années qui suivirent cet évènement mémorable; la troisième enfin est inaugurée par l'introduction du *Bouddhisme*, l'une des plus grandes circonstances de l'histoire du Japon.

La seconde période de l'histoire du Japon a pour principe la consécration définitive de l'autorité des *syôgoun* ou Grands-généraux, dans la personne de *Mina-motono-yori-tomo*. Elle est interrompue par une période intermédiaire durant laquelle s'établissent deux Cours de *Mikado*, sous les noms de Cour du Nord et de Cour du Sud (fin de l'année 1336). Cette seconde période reprend en 1392 et se poursuit jusqu'à nos jours.—Voici le tableau qui résume la division chronologique précédente :

ÉPOQUES PRINCIPALES DE L'HISTOIRE DU JAPON.

—

1re PÉRIODE (— 660 A + 1186).

Règne des Mikado, ou empereurs descendants de Sin-mou.

1re époque.	660 a. Chr.	SIN-MOU, premier mikado ou empereur, fonde la monarchie japonaise.
2e époque.	200 ap. Chr.	Première guerre du Japon avec la Corée.
3e époque.	572 ap. Chr.	Introduction du Bouddhisme au Japon.

2e PÉRIODE (1186 A 1336).

Établissement de la domination des Syôgoun, ou Grands-généraux.

1re époque.	1186 apr. Chr.	Gouvernement du Syôgoun Mina motono Yori tomo (sous le mikado Go-Toba).

3ᵉ PÉRIODE INTERMÉDIAIRE (1336 A 1392).

1ʳᵉ époque.	1336 ap. Chr.	Établissement de deux Cours, avec chacune un mikado. La Cour du Nord est représentée par le mikado Kwô-gon ; celle du Sud a pour fondateur l'ex-daïri Go-Daï-go.

Suite de la 3ᵉ PÉRIODE (1392 A NOS JOURS).

2ᵉ époque.	1392 ap. Chr.	Réunion des deux Cours en une seule. Il ne reste plus dès-lors en regard que l'autorité du mikado et celle du syôgoun.

DES SOUVERAINS JAPONAIS.

Dans les premiers temps de l'histoire du Japon, nous trouvons les rênes du gouvernement placées entre les mains d'un seul prince, jouissant tout à la fois des prérogatives religieuses, civiles et militaires. Ces monarques, connus sous le titre de *mikado* ou de *daïri*, prétendaient tenir leur pouvoir des dieux et des génies qui avaient primitivement créé, peuplé et gouverné l'archipel japonais. Successeurs de Sin-mou, issu de race divine, ils étaient comme celui-ci pontifes, chefs des armées et monarques dans tout l'empire. Mais, en suivant le cours des révolutions et des discordes intestines, nous voyons s'élever une puissance militaire d'autant plus librement que l'incapacité devenait chaque jour de plus en plus le partage des héritiers du trône. Le Mikado n'est déjà plus chef des armées ; la puissance militaire est en d'autres mains, dans celle des Syôgouns, ou Grands-généraux. Quelques siècles de guerres civiles, le morcellement de l'empire et, au terme de ces dissentions sanglantes, une transmission du pouvoir temporel des Mikado dans la personne des Syôgoun. Depuis lors, le *daïri* n'est plus qu'un personnage fictif, qu'un figurant sur la scène politique : il est enfermé dans un riche palais de Myako, avec une brillante garnison qui, tout en lui prodiguant des marques d'un respect et d'une vénération sans bornes, lui rappelle sans cesse que sa puissance est illusoire et qu'un de ses sujets, tout en feignant de lui obéir aux yeux du peuple, n'en est pas moins son maître et son prince.

Nous donnons ci-dessous la liste chronologique des Mikado :

LISTE ORDINALE ET CHRONOLOGIQUE DES MIKADO, OU EMPEREURS DU JAPON.

		av. J.-C.
1	Zin-mou Ten-wô [1]	660 à 585
2	Soui-seï ten wò	581—549
3	An neï ten wò	548—511
4	I tok ten wò	510—476
5	Kô-seô ten wò	475—393
6	Kô an ten wò	392—291
7	Kô-reï ten wo	290—215
8	Kô-gen ten wò	214—158
9	Kaï-kwa ten wò	157— 98
10	Siou-zin ten wò	97— 30

		a. J.-C.	de J.-C.
11	Souï nin ten wò	29—	70
12	Keï kô ten wò	71—	130
13	Seï mou ten wò	131—	191
14	Tsiou aï ten wò	192—	200
15	Sin-kô wo gou *impératrice*	201—	269
16	Wô-zin ten wò	270—	312
17	Nin tok ten wò	313—	399
18	Li tsiou ten wò	400—	403
19	Fan syô ten wò	406—	411
20	In kyô ten wò	412—	455
21	An kô ten wò	454—	456
22	Yoû ryak ten wò	457—	477
23	Seï neï ten wò	480—	484
24	Ken siou ten wò	485—	487
25	Nin-gen ten wò	488—	498
26	Bou rets ten wò	499—	506
27	Keï taï ten wò	507—	531
28	An-kan ten wò	534—	535
29	Sen kwa ten wò	536—	539
30	Kin meï ten wò	540—	571
31	Bi-tats ten wò	572—	585

		de J.-C.
32	Yoû meï ten wò	586—587
33	Siou syoun ten wò	588—592
34	Soui kô ten wò	593—628
35	Syo meï ten wò	629—641
36	Kwô gok ten wò *impératr.*	642—644
37	Kô-tok ten wò	645—654
38	Saï meï ten wò *impératrice*	655—661
39	Ten tsi ten wò	662—672
40	Ten bou ten wò, ou Ten mou ten wò	672—686
41	Tsi tô ten wò *impératrice*	687—696
42	Mon mou ten wò	697—707
43	Gen myô ten wò *impératrice*	708—715
44	Gen syô ten wò *impératrice*	715—723
45	Syô mou ten wò	724—748
46	Kô ken ten wò *impératrice*	749—758
47	Oho-ino miko [2]	759—764
48	Syou tok ten wò *impératrice*	765—769
49	Kwô nin ten wò	770—781
50	Kwan mou ten wò	782—805
51	Feï zeï ten wò	806—809
52	Sa ga nô ten wò	810—823
53	Syoun wa ten wò	824—833
54	Nin meï ten wò	834—850
55	Boun tok ten wò	851—858
56	Seï wa ten wò	859—876
57	Yô-seï ten wò	877—884
58	Kwô-kô ten wò	885—887
59	Ou da ten wò	888—897
60	Daï go ten wò	898—930
61	Syou-zyak ten wò	931—946
62	Moura kami ten wò	947—967
63	Reï zen in [3]	968—969

[1] *Ten-wô*, en caractères idéographiques 天皇, litt. « l'Auguste-céleste, » est un titre que prirent les empereurs japonais, depuis la fondation de la monarchie jusqu'au 63e mikado, Reï-zen-In.

[2] Ce prince n'a pas régné au même titre que les autres mikado; aussi le désigne-t-on, dans le *Nippon-wô daï-itsï-ran* (tome II, p. 21), par l'expression 廢帝 *faï-taï*, « souverain annulé », c'est-à-dire qui n'est point considéré par les historiens comme un véritable empereur. Il n'y a point de noms d'années (*nengô*) particuliers au règne de Oho-ino-miko, bien qu'il ait duré cinq ans. L'ère impériale du daïri précédent a continué d'être usitée pour ce laps de temps.

[3] A partir de Reï-zen, les mikado ont changé leur titre de *ten-wô* en celui de *in*, en caractères idéographiques 院.

[1] Nous avons mis une **N** à la suite des noms des mikado qui ne régnèrent qu'à la Cour du Nord, à l'époque de la division de l'empire japonais en deux Cours.

En 1337, l'empire japonais était, comme nous l'avons dit, divisé en deux Cours : l'une au Sud, l'autre au Nord. Chacune avait son mikado. Voici le tableau synchronique de cette époque de l'histoire du Japon :

L'EMPIRE JAPONAIS DIVISÉ EN 2 COURS.

COUR DU NORD (*fok-tsyô*).	COUR DU SUD (*nan-tsyô*).
1336 *Kwô-gon*, 96ᵉ mikado.	*Daï-go* II (Go Daï-go) parvient à s'échapper de Myako ; il va se réfugier à Yosi-no, où il établit la Cour du Sud, ou Nouvelle-cour, le 12ᵉ mois de l'année 1336.
COUR DU NORD (*fok tsyô*).	**COUR DU SUD (*nan-tsyô*).**
1337 *Kwô-mei* ou *Kwô-myô*, 97ᵉ mikado, fils du daïri Fousimi II.	
1339	Mort du mikado *Daï-go* II.
	Moura-kami II (Go-Moura-kami), fils de Daï-go II, IIᵉ mikado du Sud.
1349 *Syou-kwô*, 98ᵉ mikado.	
1352 *Kwô-gon* II (Go-Kwô-gon), 99ᵉ mikado, fils de Kwô-gon Iᵉʳ.	
1369	*Tsyô-kei*, fils de Moura-kami II, IIIᵉ mikado du Sud.
1372 *Yen-you* II (Go-Yen-you), 100ᵉ mikado, fils aîné de Kwô-gon.	
1374	*Kame-yama* II (Go-kame-yama), IVᵉ mikado du Sud.
1383 *Ko-mats* II (Go-ko-mats), 101ᵉ mikado, fils de Yen-you II.	

1392 La paix est conclue entre la Cour du Nord et celle du Sud. — Kame-yama-no-In fait son entrée solennelle à Myako, où il reçoit le titre d'abdication de *Taï-syô-Ten-wô* « l'Auguste-céleste-très-haut. » Avec ce prince s'éteignit la royauté du Sud, qui avait duré 56 ans. Depuis cette année, Ko-mats II fut reconnu seul mikado ou empereur du Japon.

Voici maintenant la liste des *syôgoun* ou Grands-généraux, dont la puissance a fini, comme nous l'avons dit, par absorber entièrement celle des *Mikado*, héritiers légitimes des premiers souverains du Japon.

TABLE DES RÈGNES DES SYÔGOUN.

I. Mina motono yori tomo.	1186
II. Mina motono yori iye.	1202
III. Mina motono sane tomo.	1203
IV. Foudzi varano yòri tsoune.	1220
V. Foudzi varano yori tsougou.	1224
VI. Moune taka *sin-wô*.	1225
VII. Kore yasou *sin-wô*.	1266
VIII. Fisa akira *sin-wô*.	1288
IX. Mori kouni *sin-wô*.	1308
X. Morii yosi *sin-wô*.	1333
XI. Nari yosi *sin-wô*.	1334
XII. Mina motono taka oudzi.	1358
XIII. Mina motono yosi nori.	1358
XIV. Mina motono yos mitsou.	1368
XV. Mina motono yosi motsi.	1394
XVI. Mina motono yosi kazou.	1423
XVII. Mina motono yosi nori.	1428
XVIII. Mina motono yosi katzou.	1441
XIX. Asi kaga yosi masa.	1449
XX. Asi kaga yosi fisa.	1472
XXI. Asi kaga yosi tane.	1490
XXII. Asi kaga yosi zoumi.	1494
XXIII. Asi kaga yosi farou.	1521
XXIV. Mina motono yosi terou.	1546
XXV. Mina motono yosi sousa.	1562
XXVI. Mina motono yosi aki.	1568
XXVII. Taira wodano nobou nag.	1573
XXVIII. Fide nobou.	1583
XXIX. Toyo domi fide yosi.	1586
XXX. Toyo domi fide tsougou.	1591
XXXI. Toyo domi fide yori.	1600
XXXII. Mina motono iye yasou.	1603
XXXIII. Mina motono fide tada.	1605
XXXIV. Mina motono iye mitsou.	1623
XXXV. Mina motono iye tsouna.	1659
XXXVI. Mina motono tsouna yosi.	1681
XXXVII. Mina motono iye nobou.	1709
XXXVIII. Mina motono iye tsougou.	1713
XXXIX. Mina motono yosi moune.	1716
XL. Mina motono iye sige.	1745
XLI. Mina motono iye farou.	1762
LXII. Mina motono iye nari.	1787

Ici s'arrêtent les chronologies japonaises originales que nous avons à notre disposition : les temps postérieurs sont du domaine de l'histoire moderne, sur lequel nous avons résolu de ne point empiéter dans le courant de ce mémoire. Nous avons à nous occuper maintenant des différentes ères reconnues au Japon, et de l'usage qu'on y fait du cycle sexagennal.

II

DES DIFFÉRENTES ÈRES EMPLOYÉES DANS LES SUPPUTATIONS
CHRONOLOGIQUES DES JAPONAIS.

Les Japonais se servent, pour la supputation des temps, de plusieurs ordres de dates. Il est du cadre de ce mémoire de les passer successivement en revue.

Plusieurs ères différentes sont usitées dans l'histoire du Japon. L'une commence à l'an 660 avant Jésus-Christ, c'est-à-dire à l'avénement de *Sin-mou* [2], premier mikado et instituteur de la puissance impériale dans le Nippon. Elle doit donc être ainsi formulée :

L'an 1 de *Sin-mou* = l'an 660 avant notre ère, ou, ce qui revient au même :

L'an 660 de *Sin-mou* = l'an 1 de notre ère.

D'où, par exemple :

L'année de Sin-mou 2517 = l'année 2517 — 660 = 1857 de notre ère.

En un mot, il suffit d'ajouter 660 aux années de l'ère chrétienne, pour les traduire en années de l'ère de Sin-mou, tandis qu'il faut, au contraire, soustraire ce nombre 660 de l'énoncé numérique des années japonaises de Sin-mou pour obtenir leur équivalent, suivant la supputation usitée parmi nous.

Les ères les plus habituellement usitées au Japon sont les ères impériales connues sous la dénomination de ヂンガウ *nengô*. Voici ce qu'il faut entendre par cette expression : Les mikado ou souverains japonais, depuis le 37e *Kô-tok-Ten-wô* (an 645-654 de J.-C.), résolurent d'attacher, à l'instar des em-

---

1 *Sin-mou* naquit la 7e année du xxxiiie cycle de 60, en l'an 712 avant notre ère, sous le règne de l'empereur de Chine *Hing-wang*, de la dynastie des *Tcheou*. Il fut élu empereur à 62 ans (660 av. J. C.), et mourut en 585, à l'âge avancé de 127 ans.

pereurs de la Chine, certaines épithètes aux années de leurs règnes, desquelles on put se servir pour indiquer les dates. Ces épithètes ont ordinairement trait à l'une des améliorations que chaque souverain espère introduire dans les affaires de l'Etat, en montant sur le trône, ou dans les grandes phases de la durée de son règne. Ce sont par exemple des expressions telles que テンアン *ten-an*, la paix céleste, テントク *ten-tok*, la vertu céleste, ヱイトク *yeï-tok*, la vertu éternelle, etc. De telle sorte que l'on dira la première année (de l'ère impériale) *la paix céleste* pour 857; la troisième année (de l'ère) *la vertu céleste* pour 959; la deuxième année (de l'ère) *la vertu éternelle*, pour 1382 ; etc. Comme il est indispensable de connaître la concordance de ces noms d'années avec celles de l'ère chrétienne pour l'intelligence de la chronologie japonaise tout d'abord, et ensuite pour celle des dates communément usitées chez les insulaires du *Nippon*, nous avons organisé la liste suivante dans l'ordre alphabétique, afin de faciliter les recherches et d'éviter les pertes de temps que toute autre disposition rendrait inévitables. — Immédiatement après les *Nengô* ou noms d'années figurés en caractères romains, se trouve la correspondance suivant notre mode de computation, puis en *italique* le nom du *mikado* ou souverain japonais sous le règne duquel chaque ère a été instituée.

CATALOGUE DES 年號 *nengó*, OU NOMS D'ANNÉES

DES EMPEREURS JAPONAIS.

安 **An.**

An gen. 1175. *Taka-kôura.*
— tei. 1227. *Go-fori-kava.*
— wa. 968. *Rei-zen.*
— yei. 1772. *Go-Momo-sono.*

萬 **Ban** (voy. **Man.**)

文 **Boun.**

Boun-an. 1444. *Go-Fana-zono.*
— dzi. 1185. *Go-Toba.*
— fô. 1317. *Fana-zo.*
— ki. 1501. *Go-Kasiva-bara.*
— kwa. 1804. *Sen-tô-go-syo.*
— meï. 1469. *Go-Tsoutsi-mikado.*
— rek (レキ), 1234. *Si-syo.*
— rok. 1592. *Go-Yô-zeï.*

ou sei. 正 1466. *Go-*
— syó. *Tsoutsi-mikado.*

— sei 政 1818. *Kin-syó.*

— tsiou *. 1372. *Tsyô-keï.*
— wa. 1352. *Go-Kwô-gon.*
— wo. 1260. *Ki-zan.*
— yeï. 1264. *Ki-zan.*

太 ダイ **Dai.**

Dai-bô. 701. *Mon-mou.*
— dzi. 1126. *Siou-tok.*
— kwa. 645. *Kô-tok.*
— tô. 806. *Fei-zei.*
— yei. 1521. *Go-Kasiva-bara.*

治 ヂ **Dzi.**

Dzi-an. 1021. *Go-Itsi-syô.*
— rek (レキ) 1065. *Go-Rei-zen.*
— syô. 1177. *Taka-koura.*

白 ハク **Fak.**

Fak-fô. 672. *Ten-bou.*
— tsi. 650. *Kô-tok.*

平 ヘイ **Fei.**

Fei-dzi. 1159. *Ni-syô.*

保 ホ **Fô.**

Fô-an. 1120. *To-ba.*
— gen. 1156. *Go-Sira-kava.*
— yen. 1135. *Siou-tok.*

寶 ホウ **Fô.**

Fô-dzi. 1247. *Go-Fouka-kousa.*
— ki. 770. *Kwô-nin.*
— rek (レキ) 1751. *Momo-sono.*
— tok. 1449. *Go-Fana-zo.*
— yei. 1704. *Tô-san.*

元 ゲン **Gen.**

Gen-boun. 1736. *Sakoura-matsi.*
— kei. 877. *Yô-sei.*
— ki. 1570. *Oho-ki-matsi.*
— kiou. 1204. *Tsoutsi-mikado.*
— kô 享 カウ 1321. *Go-Dai-go.*
— kô 弘 コウ 1331. *Go-Dai-go.*
— nin. 1224. *Go- ori-kava.*
— rek (レキ) 1181. *Go-To-ba.*
— rok. 1688. *Tô-san.*
— tok. 1329. *Go-Dai-go.*
— tsiou *. 1384. *Go-Kame-yama.*
— wa. 1615. *Go-Midsou-wo.*
— wô. 1319. *Go-Dai-go.*
— yei. 1118. *To-ba.*

嘉 カ **Ka.**

Ka-fô. 1094. *Fori-kava.*
— gen. 1303. *Go-Ni-syo.*
— kei. 1387. *Go-Ko-mats.*
— kits. 1441. *Go-Fana-zono.*
— rek (レキ) 1326. *Go-Dai-go.*
— rok. 1225. *Go-Fori-kava.*

— syô 祥 リャウ 848. *Nin-myô.*

— syô 承 レョウ 1106. *Fori-kava.*
— sei. 1235. *Si-syô.*
— wô. 1169. *Taka-koura.*

慶 ケイ **Kei.**

Kei-an. 1648. *Go-Wô-myô-kô.*
— tsyô. 1596. *Go-Yô-zei.*
— oun. 704. *Mon-mou.*

乾 ケン **Ken.**

Ken-bou. 1334. *Go-dai-go.*
— dzi. 1275. *Go-Ouda.*
— fô. 1213. *Zyou-tok.*
— gen. 1302. *Go-Ni-teô.*
— kiou. 1190. *Go-To-ba.*
— mou (*voyez* Ken-bou.)
— nin. 1201. *Tsoutsi-mikado.*
— rek (レキ) 1211. *Zyou-tok.*
— tok *. 1371. *Tsyô-kei.*
— tsyô. 1249. *Go-fouka-kousa.*
— yei. 1206. *Tsoutsi-mikado.*

外 キウ **Kiou.**

Kiou-an. 1145. *Kin-ye.*
— ziou. 1154. *Kin-ye.*

享 キャウ **Kyô** (voy. **Kô.**)

Kyô-fô. 1716. *Naka-mikado.*
— kwa. 1801. *Sen-tô-go-syô.*

康 カウ **Kô.**

Kô-an. 1361. *Go-kwô-gon.*
— dzi. 1142. *Kin-ye.*
— fei. 1058. *Go-Rei-zen.*
— fô. 964. *Moura-kami.*
— gen. 1256. *Go-fouka-kousa.*

Kô-kwa. 1099. *Fori-kava.*
— rek (レキ) 1379. *Ko-yen-yo.*
— seï. 1455. *Go-Fana-zono.*
— wa. 1099. *Fori-kava.*
— wô. 1389. *Go-Ko-mats.*
— yeï. 1342. *Kwan-myô.*

興 ヨウ **Kô.**
Kô-kok. 1339. *Kwô-mei.*

弘 ヨウ **Kô.**
Kô-an. 1278. *Go-Ouda.*
— dzi. 1555. *Go-Nara.*
— nin. 810. *Saga.*
— tsyô. 1261. *Kame-yama (Ki-zan).*
— wa *. 1381. *Go-Kame-yama (Kame-yama II).*

キヤウ **享** カウ **Kô ou Kyô.**
Kô-rok. 1528. *Go-Nara.*
— tok. 1454. *Go-Fana-zono.*

寛 クワン **Kwan.**
Kwan-boun. 1661. *Go-Saï.*
— dzi. 1087. *Fori-kava.*
— feï. 889. *Ouda.*
— fô. 1741. *Sakoura-matsi.*
— gen. 1243. *Go-Saga.*
— ki. 1229. *Go-Fori-kava.*
— kô. 1004. *Itsi-teô.*
— nin. 1017. *Go-Itsi-teô.*
— Seï **政** セイ 1789. *Sen-tô-go-syo.*
— Seï レヤウ **正** セイ ou syô. 1460 : *Go-Fana-zono.*
— syô. Voy. Kwan-seï (1460).
— tok. 1044. *Go-Syou-zyok.*
— wa. 985. *Kwa-san.*
— wô. 1350. *Syou-kwô.*
— yeï. 1624. *Go-Midzou-no-wo.*
— yen. 1748. *Momo-sono.*

萬 バマンジ **Man ou Ban.**
Man-dzi. 1658. *Go-Saï.*
— zyou. 1024. *Go-Itsi-teô.*

ミヤウ **明** イイ **Meï ou Myô.**
Meï-wa (ou Kwa). 1764. *Go-Sakoura-matsi.*
— rek (レキ) 1655. *Go-Saï.*
— tok. 1390. *Go-Ko-mats.*
— wô. 1492. *Go-Tsoutsi-mikado.*

仁 ニン **Nin.**
Nin-an. 1166. *Rok-teô.*
— dzi. 1240. *Si-teô.*
— feï. 1151. *Kin-ye.*
— wa. 885. *Kwô-kô.*
— zyou. 851. *Boun-tok.*

靈 レイ **Reï.**
Reï-ki. 715. *Gen-syô,* impératrice.

曆 レキ **Rek.**
Rek-nin. 1238. *Si-teô.*
— wô. 1338. *Kwô-mei.*

齊 セイ **Seï.**
Seï-kô. 854. *Boun-tok.*

レヤウ **正** セイ **Seï ou Syô.**
Seï-an. 1299. *Go-Fousi-mi (Fousi-mi II).*
— dzi. 1199. *Tsoutsi-mikado.*
— feï. 1346. *Kwô-mei.*
— fo. 1644. *Go-Kwô-mei.*
— gen. 1259. *Go-Fouka-kousa.*
— ka. 1257. *Go-Fouka-kousa.*
— keï. 1332. *Kwô-gon.*
— rek. (レキ) 990. *Itsi-teô.*
— tok. 1711. *Naka-mikado.*
— tsyô. 1428. *Syou-kwô.*
— tsiou. 1324. *Go-Daï-go.*
— wa. 1312. *Fana-zo.*
— wô. 1288. *Fousi-mi.*

至 シ **Si.**
Si-tok. 1384. *Go-Komats.*

承 レヨウ **Syô.**
Syô-an. 1171. *Taka-koura.*
— feï. 931. *Syou-zyak.*
— fô. 1074. *Sira-kava.*
— gen. 1207. *Tsoutsi-mikado.*
— kiou. 1219. *Syoun-tok.*
— rek. (レキ) 1077. *Sira-kava.*
— tok. 1097. *Fori-kava.*
— wa. 834. *Nin-mei.*
— wô. 1352. *Go-Kwô-mei.*

昌 レヤウ **Syô.**
Syô-taï. 898. *Daï-go.*

朱 レユ **Syou.**
Syou-teô. 686. *Ten-bou (Ten-mou).*

貞 Teï ou Dzyô

Teï-dzi. 1562. Go-Kwô-gon.
— gen. 977. Yen-yoñ.
— kô. 1684. Reï-gen.
— kwan. 859. Seï-wa.
— wa. 1345. Kwô-meï.
— wô. 1222. Go-Fori-kava.
— yeï. 1251. Go-Fori-kava.

天 Ten.

Ten-an. 857. Boun-tok.
— boun. 1532. Go-Nara.
— dzi. 1124. Sieu-tok.
— feï. 729. Syô-mou.
— feï-fô-zi. 757. Kô-ken.
— feï-syô-tô. 749. Kô-ken.
— feï-zin-go. 765. Syou-tok.
— fouk. 1233. Si-teô.
— gen. 977. Yen-yoñ.
— gi. 1053. Go-Reï-zen.
— keï. 938. Syou-zyak.
— kwa. 1684. Reï-zen.
— meï (ou myô). 1781. Sen-tô-go-syo.
— nin. 1108. Tô-ba.
— rek. (レキ) 947. Moura-kami.
— rok. 970. Yen-yoñ.
— seï. 1573. Oho-ki-matsi.
— seô (ou syô). 1131. Siou-tok.
— syoû. 1375. Go-Kame-yama.
— tok. 957. Moura-kami.
— tsyô. 824. Syoun-wa.
— wô. 781. Kwô-nin.
— yeï. 1110. Tô-ba.
— yen. 975. Yen-you.
— yô. 1144. Kin-ye.

德 Tok.

Tok-dzi. 1306. Go-ni-teô.

長 Tsyô.

Tsyô-dzi. 1104. Fori-kava.
— fo. 999. Itsi-teô.
— gen. 1028. Go-Itsi-teô.
— kiou. 1040. Go-Syou-zyok.
— kô. 1487. Go-Tsoutsi-mikado.
— kwan. 1163. Ni-teô.
— rek. (レキ) 1057. Go-Syou-zyok.
— rok. 1457. Go-Fana-zono.
— syô. 1159. Siou-toï.
— tok. 995. Itsi-teô.
— wa. 1012. San-teô.

和 Wa.

Wa-dô. 708. Gen-myô, impératrice.

應 Wo.

Wô-an. 1368. Go-Kwô-gon.
— fo. 1161. Ni-teô.
— yeï. 1394. Go-Ko-mats.
— kwa. 961. Moura-kami.
— nin. 1467. Go-Tsoutsi-mikado.
— tok. 1084. Sira-kava.
— tsyô. 1311. Fana-zo.
— wa. 961. Moura-kami.

永 Yeï.

Yeï-dzi. 1141. Siou-tok.
— fô. 1081. Sira-kava.
— kiou. 1113. To-ba.
— kô. 1427. Go-Fana-zono.
— kwan. 983. Yen-yoñ.
— man. 1465. Ni-teô.
— nin. 1293. Fousi-mi.
— rek. (レキ) 1160. Ni-teô.
— rok. 1558. Oho-ki-motsi.
— seï. 1504. Go-Kasiva-baru.
— syô. 1046. Go-Reï-zen.
— su. 989. Itsi-teô.
— tok. 1381. Go-Yen-you.
— tsyô. 1096. Fori-kava.
— wa. 1375. Go-yen-you.
— yen. 987. Itsi-teô.

延 Yen.

Yen-bo. 1673. Reï-gen.
— boun. 1356. Go-Kwô-gon.
— gen. 1336. Go-Daï-go.
— gi. 901. Daï-go.
— keï. 1308. Fana-zo.
— kiou. 1069. Go-San-teô.
— kô. 1744. Sakoura-matsi.
— rek. (レキ) 782. Kwan-mou.
— tsyô. 923. Daï-go.
— tok. 1489. Go-Tsoutsi-mikado.
— wô. 1239. Si-teô.

養 Yô.

Yô-rô. 717. Gen-syô.
— wa. 1181. An-tok.

神 Zin.

Zin-ki. 724. Syô-mou.
— go-keï-oun. 767. Syou-tok.

嘉 Zyou.

Zyou-yeï. 1182. An-tok.

DU CYCLE SEXAGÉNAL.

La troisième méthode d'indiquer les dates chez les Japonais, consiste à faire usage du cycle sexagénal dont on se sert également dans l'Empire chinois [1], depuis la 61e année du règne de Hoang-ti, 2637 ans avant J.-C. Or donc :

La 1re année du 1er cycle = l'an 2637 de notre ère ; d'où la première époque historique des annales japonaises, c'est-à-dire l'an 660 avant J.-C., se trouve incluse dans le xxxiiie cycle sexagénal.

Voici une table de la concordance des premières années des cycles sexagénaux postérieurs à l'an 660 (date de la fondation de la monarchie japonaise), avec les années antérieures et postérieures à notre ère :

La 1re année du cycle 33 égale l'an 717 ay. notre ère.

cycle	an
33	717
34	657
35	597
36	537
37	477
38	417
39	357
40	297
41	237
42	177
43	117
44	57
45	4
46	64
47	124
48	184
49	244
50	304
51	364
52	424
53	484
54	544

La 1re année du cycle 55 égale l'an 604 av. notre ère.

cycle	an
55	604
56	664
57	724
58	784
59	844
60	904
61	964
62	1024
63	1084
64	1144
65	1204
66	1264
67	1324
68	1384
69	1444
70	1504
71	1564
72	1624
73	1684
74	1744
75	1804

Le 76e cycle commencera en l'an 1864 et finira en 1923.

[1] L'usage du cycle sexagénal se retrouve chez toutes les nations civilisées de l'Asie orientale. Au Siam, on s'en sert de la même manière qu'au Japon, depuis le règne de *P'ra Ruang*, c'est-à-dire depuis l'an 638 de notre ère : les Siamois désigne l'ère de 60 années par le nom de *chunlasakkharat*, c'est-à-dire « la petite ère, » par opposition à l'ère de Bouddha nommée *p'uthasakkharat*, qui est pour eux « la grande ère, » l'ère par excellence, mais dont ils font peu usage, si ce n'est en religion.

Nous avons maintenant à expliquer comment est disposé le cycle sexagennal usité parmi les Japonais et de quelle manière il est figuré par écrit :

Le grand cycle de soixante employé par la plupart des nations de l'Asie orientale, résulte de la combinaison de deux cycles secondaires, dont l'un se compose de 10 termes représentés par les 5 éléments rapportés chacun aux deux grands principes de la dualité primitive, comme l'entendent les Chinois, et l'autre de douze termes désignés sous le nom collectif de branches terrestres : 地支 . Ces derniers répondent à douze constellations du zodiaque chinois et japonais.

Les caractères destinés à figurer chaque terme du cycle sexagennal sont identiquement les mêmes en Chine et au Japon, mais les noms qu'on leur affecte sont différents dans les deux pays. Voici la liste des caractères qui composent le cycle de 10, avec leurs noms japonais et leur trrduction française :

1 甲 *Kino-ye*, le bois (dans son état naturel).

2 乙 *Kino-to*, le bois (coupé et travaillé).

3 丙 *Fino-ye*, le feu (naturel, tel que celui du soleil, des volcans, etc.).

4 丁 *Fino-to*, le feu (factice, tel qu'il est obtenu par l'homme).

5 戊 *Toutsino-ye*, la terre (non travaillée).

6 己 *Toutsino-to*, la terre (employée par l'homme, tel que dans la poterie.

7 庚 *Kano-ye*, métal (à l'état naturel).

8 辛 *Kano-to*, métal (travaillé, forgé).

9 壬 *Midzouno-ye*, l'eau (courante des fleuves).

10 癸 *Midzouno-to*, l'eau (stagnante, etc.).

Il nous reste à donner de la même manière les éléments du cycle duodénaire avec leur valeur et leur correspondance dans les constellations de notre zodiaque.

ORDRE.	SIGNE FIGURATIF	NOM JAPONAIS ET TRADUCTION.	CORRESPONDANCE DANS NOTRE ZODIAQUE.
1	子	*ne*, la souris,	♈ le bélier.
2	丑	*ousi*, le bœuf,	♉ le taureau.
3	寅	*tora*, le tigre,	♊ les gémeaux.
4	卯	*ou*, le lièvre,	♋ le cancer.
5	辰	*tatsou*, le dragon,	♌ le lion.
6	巳	*mi*, le serpent,	♍ la vierge.
7	午	*mouma*, le cheval,	♎ la balance.
8	未	*fitsouzi*, le mouton,	♏ le scorpion.
9	申	*sarou*, le singe.	♐ le sagittaire.
10	酉	*tori*, le coq,	♑ le capricorne.
11	戌	*inou*, le chien,	♒ le verseau.
12	亥	*i*, le sanglier,	♓ les poissons.

La composition des deux petits cycles une fois connue, nous allons essayer de faire comprendre de quelle manière on a déduit le grand cycle de 60, lequel résulte de la combinaison de celui de 10 et de celui de 12. Voici comment on a procédé :

Les 10 signes du premier cycle (celui des cinq éléments dualisés), ont été disposés en une ligne continue, *six* fois consécutivement, ce qui a produit un ensemble de 60 signes. On a ensuite placé sous cette première rangée une autre ligne de caractère comprenant les 12 signes du second cycle (celui des animaux) répétés *cinq* fois successivement, de telle sorte que le premier caractère du cycle de 10 s'est trouvé superposé au premier du cycle de 12, et que deux rangées de 60 termes chacune (l'une de 6 fois 10 signes = 60 ; l'autre 5 fois 12 signes = 60), se sont trouvées également superposées. Chaque caractère de la rangée supérieure (celle du cycle de 10), joint à celui sur lequel il est superposé dans la rangée inférieure (celle du cycle de 12), forme un composé de 2 caractères, qui n'est autre chose qu'un des termes du grand cycle sexagennal. Qu'il me suffise de remarquer en outre que, par suite de cette disposition, il arrive que le premier cycle n'ayant que 10 termes, recommence son cours, avant que le second, qui en a 12, ait entièrement achevé le sien, de telle sorte qu'il arrive naturellement que chacun des 60 groupes, provenant de la combinaison des deux cycles, produit un composé de 2 caractères qui ne peut plus se retrouver identiquement de la même manière dans aucun des 59 autres termes du grand cycle. — Du reste, on comprendra plus facilement, par le simple examen de la planche ci-jointe, la disposition que nous nous sommes efforcé d'élucider le mieux qu'il nous a été possible.

Le cycle sexagennal est représenté dans la forme circulaire sur la planche ci-incluse. Le titre qui en est donné dans l'intérieur du plus petit cercle doit se lire : *nen-taï-rok-zyou-dzou*, c'est-à-dire *table du cycle sexagennal*. Les caractères cycliques sont renfermés entre les deux premières circonférences internes : ils doivent être lus deux à deux, en suivant la direction des différents rayons du cercle, et en commençant par le signe le plus rapproché du centre. Ainsi on devra lire, à partir de la première année du cycle, marquée d'une petite flèche :

甲子 1re année, 乙丑 2e année, 丙寅 3e année, et ainsi de suite.

De cette façon, on trouvera dans notre cadran 60 termes doubles qui constituent les soixante caractères cycliques du grand cycle chinois-japonais. Pour faciliter les recherches et les vérifications, nous avons fait ajouter les numéros d'ordre de ces cycles d'années en chiffres arabes, en deçà de la circonférence intérieure. Quand à la rangée extérieure de notre figure, elle renferme les 5 caractères

CYCLE DE 60 ANS
usité chez les Japonais.

N.B. *La rangée intérieure de caractères est composée des signes du Cycle de 10 (celui des éléments.)*
La seconde rangée (la moyenne) est composée des signes du Cycle de 2 (celui des animaux du Zodiaque.)
Enfin les noms des 5 éléments adaptés au Cycle Chinois-Japonais sont renfermés entre les 2 circonférences extérieures.

idéographiques des éléments : 水 *ki* le bois, 火 *fi* le feu, 土 *tsouin*, la terre, 金 *kane*, le métal, 水 *midzou* l'eau. Pour en comprendre la raison d'être, il faudra se reporter à ce que nous avons dit précédemment (p. 6).

Voici les noms japonais des soixante termes du grand cycle, tels que nous les fournit, en écriture *fira-kana*, l'ouvrage intitulé *Ga-sok sets-yô-fak-saï boukouro* :

1ʳᵉ année.	*Ki-no-ye ne.*	31	—	*Ki-no ye mouma.*
2	*Ki-no to-no ousi.*	32	—	*Ki-no to-no fitsouzi.*
3	*Fi-no-ye tora.*	33	—	*Fi-no ye sarou.*
4	*Fi-no to-no ou.*	34	—	*Fi-no to-no tori.*
5	*Tsoutsi-no-ye tatsou.*	35	—	*Tsoutsi-no ye inou.*
6	*Tsoutsi-no-tono mi.*	36	—	*Tsoutsi-no to r.*
7	*Ka-no-ye mouma.*	37	—	*Ka-no ye ne.*
8	*Ka-no-to-no fitsouzi.*	38	—	*Ka-no to-no ousi.*
9	*Midzou-no-ye sarou.*	39	—	*Midzou-no ye tora.*
10	*Midzou-no to-no tori.*	40	—	*Midzou-no to ou.*
11	*Ki-no ye inou.*	41	—	*Ki-no ye tatsou.*
12	*Ki-no to-no r.*	42	—	*Ki-no to-no mi.*
13	*Fi-no ye ne.*	43	—	*Fi-no ye mouma.*
14	*Fi-no to-no ousi.*	44	—	*Fi-no to-no fitsouzi.*
15	*Tsoutsi-no ye tora.*	45	—	*Tsoutsi-no ye sarou.*
16	*Tsoutsi-no to-no ou.*	46	—	*Tsoutsi-no to-no tori.*
17	*Ka-no ye tatsou.*	47	—	*Ka-no ye inou.*
18	*Ka-no to-no mi.*	48	—	*Ka-no to-no i.*
19	*Midzou-no ye mouma.*	49	—	*Midzou-no ye ne.*
20	*Midzou-no to-no mouma.*	50	—	*Midzou-no to-no ousi.*
21	*Ki-no ye sarou.*	51	—	*Ki-no ye tora.*
22	*Ki-no to-no tori.*	52	—	*Ki-no to-no ou.*
23	*Fi-no ye inou.*	53	—	*Fi-no-ye tatsou.*
24	*Fi-no to-no i.*	54	—	*Fi-no to-no mi.*
25	*Tsoutsi-no ye ne.*	55	—	*Tsoutsi-no ye mouma.*
26	*Tsoutsi-no to-no ousi.*	56	—	*Tsoutsi-no to-no fitsouzi.*
27	*Ka-no ye tora.*	57	—	*Ka-no ye sarou.*
28	*Ka-no to-no ou.*	58	—	*Ka-no to-no tori.*
29	*Midzou-no ye tatsou.*	59	—	*Midzou-no ye inou.*
30	*Midzou-no to-no mi.*	60	—	*Midzou-no to-no r.*

Nous publierons ultérieurement, comme dépendance naturelle de ce mémoire, un travail sur le zodiaque et le calendrier des Japonais ; pour le moment, qu'il nous suffise de joindre, à ce qui précède, un appendice sur l'origine de l'univers d'après les auteurs japonais.

APPENDICE.

DE L'ORIGINE DE L'UNIVERS SUIVANT LES JAPONAIS.

———

Oho Yamato Kouni. Le grand royaume du Japon [1]. —« A
» l'origine, le ciel et la terre n'étaient point séparés ; le prin-
» cipe femelle (*me*) et le principe mâle (*wo*[2]) n'étaient pas
» divisés. Le chaos était comme un œuf, en une matière in-
» forme, qui renfermait des germes. Quand elle se fut épurée,
» la partie subtile par sa légèreté s'éleva et constitua le ciel ;
» la partie lourde et impure en s'enfonçant constitua la terre.
» Les parties pures et subtiles se volatilisèrent et les parties
» pesantes se condensèrent. C'est pourquoi le ciel fut fait le
» premier et la terre fut fixée ultérieurement. Ensuite un
» génie (jap. *Kami*) naquit au milieu d'eux. C'est pourquoi
» l'on dit qu'à l'origine du débrouillement du ciel et de la
» terre (*Kare ifakou Ame-tsoutsi fizakourou fazimeni*), les
» îles et la terre flottèrent sur l'eau comme les poissons. En
» ce moment, il naquit au milieu du ciel et de la terre une
» chose qui, par sa forme ressemblait à un roseau : et alors
» elle se transforma en un génie (*Kami*) appelé *Kouni-toko-*
» *tatsi-no-Mikoto*, c'est-à-dire « l'auguste perpétuellement
» debout dans l'empire. »

Ce passage, qui sert, en quelque sorte, d'introduction à
l'ouvrage japonais intitulé : *Wa-Kan Kwô-tô-fen-nen-gò oun-
no dzou*, nous fournit un aperçu des traditions mythologiques

———

[1] Ce passage a été traduit par M. Klaproth. Notre traduction a été faite sur le texte
original et diffère en plusieurs points de celle du savant sinologue allemand.

[2] Klaproth dit tout le contraire. Il traduit : « Le *principe parfait* (le *yang* des
« chinois et le *mi* des japonais) et le principe *imparfait* (*in* en chinois et *o* en japo-
« nais). » Le texte dit simplement : *me wo toki-wakare-zaro* ; or le mot *me* (et non
mi) signifie « femelle » par opposition à *wo* qui signifie « mâle » ; donc *me* principe
femelle ne correspond pas au *yang*, qui est l'opposé pour les Chinois, et de même
wo ne répond pas au *yin*, qui a également en Chine une valeur toute contraire. Quant
aux expressions « principe parfait » « principe imparfait, » ce sont des libertés de
traduction que nous n'avons pas cru pouvoir nous permettre dans un texte roulant sur
des questions d'origine et par conséquent sur des questions extrêmement épineuses.

et populaires des Japonais sur les premières phases de la création du monde, jusqu'à la naissance de *Touni-toko-tatsi-Mikoto*, le premier des génies célestes, dont le nom se retrouve en tête de nos premiers tableaux des règnes fabuleux et historiques des souverains japonais [1], et avec lequel commence la série des successions chronologiques qui ont fait l'objet de ce mémoire.

Nous terminerons ce travail par la liste des ouvrages originaux qui ont servi à sa rédaction. Ce sont :

Wa-Kan teï-wô nen-feô, Chronologie des souverains japonais et chinois. *Myako*, 1755 ; trois tomes grand in-8°.

Wa-nen-Keï, Aperçu des années japonaises, par Asya Yamabito. Leyde, grand in-4°.

Cet ouvrage est un abrégé du suivant, publié à Leyde au moyen de la lithographie, par le chinois *Ko-tching-tchang*, et traduit en allemand par le docteur J. Hoffmann.

Wa-Kan-nen daï-ran-yo. Concordance de la chronologie chinoise et japonaise, jusqu'en 1820 ; in-18 obl.

Wa-Kan Kwô-tô-fen-nen-gò ounno-dzou, Liste des noms d'années de la chronologie chinoise et japonaise, sans nom d'auteur ; un vol. gr. in-8°.

Nippon-wô daï-itsi-ran, Coup-d'œil sur les dynasties des empereurs (*Mikado*) du Japon, par le moine bouddhiste RYOUN-ZAÏ-RIN-ZYOU.

Wa-Kan nen-feô-rok, Chronologie japonaise et chinoise, depuis les temps primitifs jusqu'en 1690, avec une liste des syôgoun ou Grands-généraux. (Collection du *British museum*.)

Te-fiki-sets-yô-siòu-daï-zen, Dictionnaire japonais-chinois, rangé suivant l'ordre de l'*irofa* ou syllabaire (appendice) ; un vol. in-12 obl.

Ga-sok sets-yô fak-saï boukauro, Recueil des connaissances les plus utiles à l'usage des nobles et des hommes du peuple ; *s. l. n. d.*, un vol. gr. in-8° avec figures.

[1] Voyez page 7.

Imp. H. CARION, rue Bonaparte, 64.

et populaires des Japonais sur les premières phases de la création du monde, jusqu'à la naissance de Tensi-obo-Isio-Mikoto, le premier des génies terrestres, dont le nom se retrouve en tête de nos premiers tableaux des règnes fabuleux et historiques des souverains japonais [1], et avec lequel commence la série des dénominations chronologiques qui ont fait l'objet de ce mémoire.

Nous terminons ce travail par la liste des ouvrages originaux qui ont servi à sa rédaction. Ce sont:

Wa-Kan-fu nen-pyô, Chronologie des souverains japonais et chinois. Miyako, 1795; trois tomes grand in-8o.

Teïkwa-Keï, Aperçu des années japonaises, par Asya Yanabite. Loyto, grand in-4o.

Cet ouvrage est un abrégé du suivant, publié à Loyto au moyen de la lithographie, par le chinois Ko-tching-tchang, et traduit en allemand par le docteur J. Hoffmann.

Wa-Kan-nen daï ran-yo. Concordance de la chronologie chinoise et japonaise, jusqu'en 1840; in-18 obl.

Wa-Kan Keo-to-[en-nen-po oyano-dzou, Liste des noms d'années de la chronologie chinoise et japonaise, sans nom d'auteur; un vol. gr. in-8o.

Nippon teï daï-itsi-ran, Coup-d'œil sur les dynasties des empereurs (Mikado) du Japon, par le moine bouddhiste RYOUS-XZI-REN-XYOU.

Wa-Kan nen-[daï-roḳ, Chronologie japonaise et chinoise, depuis les temps primitifs jusqu'en 1600, avec une liste des syôgoun ou Grands-généraux. (Collection du British Museum.)

Te-Phi-seís-gô-síon-daï-seu, Dictionnaire japonais-chinois, rangé suivant l'ordre de l'irofa ou syllabaire (appendice); un vol. in-12 obl.

Ша-sôḳ seís-yô jut-sui bouḳuoro, Recueil des connaissances les plus utiles à l'usage des nobles et des hommes du peuple; s. l. n. d., un vol. gr. in-8o avec figures.

Voyez page 7.

Imp. H. Carion, r. Bonaparte, 64.